Basiskurs

Medienbildung

Kompaktkurs

Robbys Welt der Medien

C.C.Buchner

Basiskurs
Medienbildung
Robbys Welt der Medien

Kompaktkurs

Bearbeitet von Kim Beck, Romy Hempfer, Tamara Joerns, Natascha Könches, Sebastian Nüsse
und Stefanie Rack
unter Beratung von Sonja Götz

Zusätzlich sind erhältlich:
- Digitales Lehrermaterial **click & teach** Einzellizenz, Bestell-Nr. 383031
- Digitales Lehrermaterial **click & teach** Box (Karte mit Freischaltcode), ISBN 978-3-661-38303-3

Bildnachweis
AdobeStock / Henner Damke – S. 30 | Getty Images Plus / iStockphoto, Bet_Noire – S. 6; - / iStockphoto, BrianAJackson – S. 31; - / iStockphoto, Chiradech – S. 6; - / iStockphoto, frantic00 – S. 33; - / iStockphoto, hanohiki – S. 33; - / iStockphoto, K_Thalhofer – S. 21; - / iStockphoto, Korvit78 – S. 21; - / iStockphoto, markdanielwilson – S. 21; - / iStockphoto, MartinJGruber – S. 33; - / iStockphoto, Przemysław Iciak – S. 21; - / iStockphoto, scanrail – S. 6; - / iStockphoto, sgursozlu – S. 6; - / iStockphoto, Wavetop – S. 21; - / iStockphoto, wrangel – S. 33 • Sandra Beuck Medien, Karlsruhe – S. 37

1. Auflage, 2. Druck 2023
Alle Drucke dieser Auflage sind, weil untereinander unverändert, nebeneinander benutzbar.

Dieses Werk folgt der reformierten Rechtschreibung und Zeichensetzung. Ausnahmen bilden Texte, bei denen künstlerische, philologische oder lizenzrechtliche Gründe einer Änderung entgegenstehen.

Die QR- und Mediencodes enthalten zusätzliche Unterrichtsmaterialien, die der Verlag in eigener Verantwortung zur Verfügung stellt. Auf verschiedenen Seiten dieses Buches finden sich Verweise (Links) auf Internetadressen. Haftungshinweis: Trotz sorgfältiger inhaltlicher Kontrolle wird die Haftung für die Inhalte externer Seiten ausgeschlossen.

Layout und Satz: tiff.any GmbH & Co. KG, Berlin
Druckerei: Brüder Glöckler GmbH, Wöllersdorf

www.ccbuchner.de

ISBN 978-3-661-**38302**-6

So arbeitest du mit dem Kompaktkurs

Eine ausführliche Anleitung zur Freischaltung des Online-Kurses findest du auf der Umschlaginnenseite dieses Arbeitsbuches.

Einstieg:
Hanna, Eva und Selim begleiten dich durch den Kompaktkurs. Viele ihrer Probleme im Umgang mit Medien kennst du sicher auch.

Online-Module:
Wenn du wissen möchtest, wie es weitergeht, öffne das passende Online-Modul. Du kannst dazu den QR-Code scannen oder die Nummer auf www.ccbuchner.de in das Suchfeld eingeben.

Sterne sammeln:
In den Online-Modulen kannst du Sterne für richtig gelöste Aufgaben sammeln. Auf der zugehörigen Arbeitsbuchseite kannst du dann so viele Sterne ausmalen, wie du gewonnen hast.

Aufgaben:
Die erste Aufgabe ist immer der Wissenscheck, mit dem du überprüfen kannst, ob du das Onlinemodul verstanden hast. Dann folgen eine
- leichte
- eine mittlere und
- eine schwere Aufgabe.

Für Aufgaben mit [Symbol] benötigst du einen Computer oder ein Tablet.

Mediencodes:
Manche Aufgaben benötigen Dateien, andere kann man auch digital bearbeiten oder es gibt Erklärungen von Robby, damit du alles verstehst. Da alles findest du hinter Mediencodes am Rand der Seite. Du weißt ja: QR-Code scannen oder auf www.ccbuchner.de die Nummer eingeben.

Inhaltsverzeichnis

Hallo! Ich bin Robby. Willkommen in meiner Welt der Medien! In diesem Arbeitsbuch zeige ich dir, wie du geschickt am Computer arbeitest und dich sicher im Internet bewegst. Los geht's!

Bearbeite jetzt das Online-Modul

38302-01

1. Wissenscheck

Welches Gerät wird hier beschrieben? Ordne zu. Wenn du die Buchstaben vor den richtigen Antworten in die richtige Reihenfolge bringst, erhältst du ein Lösungswort.

Auf ihm siehst du, was am Computer passiert.

....

Alle deine Eingaben werden hier verarbeitet und berechnet.

....

Ihn verwendest du, wenn du deine Arbeit auf Papier in der Hand haben willst.

....

Mit ihr gibst du Zahlen und Buchstaben ein und gibst dem Computer Befehle.

....

Mit ihr steuerst du den Computer. Auf deinem Bildschirm siehst du sie als Pfeil.

....

Lösungswort: ....

B	die Tastatur	Y	der Rechner	I	der Scanner	E	das Smartphone
O	die Maus	R	der Bildschirm	B	der Drucker	A	das Headset

2. Kennst du das EVA- Prinzip?

a) Kennst du das EVA-Prinzip? Nummeriere die Satzteile in der richtigen Reihenfolge.

☐ Du gibst mit der Maus oder der Tastatur

☐ Daten und Befehle ein (**Eingabe**).

☐ deine Eingabe (**Verarbeitung**)

☐ Der Computer verarbeitet

☐ am Ausgabegerät an (**Ausgabe**).

☐ und zeigt das Ergebnis

b) Erkläre in einem Satz, wie du Hardware und Software unterscheiden kannst.

....

....

c) Hardware oder Software? Für Eingabe (E), Verarbeitung (V) oder Ausgabe (A) benutzt? Kreuze an. Es können mehrere Antworten richtig sein.

☐ Hardware
☐ Software
☐ E ☐ V ☐ A

☐ Hardware
☐ Software
☐ E ☐ V ☐ A

☐ Hardware
☐ Software
☐ E ☐ V ☐ A

☐ Hardware
☐ Software
☐ E ☐ V ☐ A

3. Das Smartphone, das Tablet oder der Laptop?

Welches Gerät ist für die Aufgabe am besten geeignet? Kreuze an.
Es können mehrere Antworten richtig sein.

	Smartphone	Tablet	Laptop
Fotos machen			
Ein Video aufnehmen			
Musik hören			
Ein Spiel spielen			
Eine längere Email schreiben			

4. Welche Regeln gelten im Computerraum?

Schreibe die Regeln auf, die im Umgang mit dem Computer gelten. Die Bilder helfen dir dabei.

1. ....
....

2. ....
....

3. ....
....

4. ....
....

5. ....
....

6. ....
....

1.2 Maus und Tastatur für Profis

Wie fit bist du im Umgang mit Tastatur und Maus? Hier kannst du beides üben.

Bearbeite jetzt das Online-Modul

38302-02

1. Wissenscheck

Male die Taste in der richtigen Farbe aus. Welche Taste musst du benutzen um …

… etwas zu löschen, das links vom Cursor steht?

… eine Datei auszuwählen?

… den Cursor nach rechts zu bewegen?

… zu scrollen?

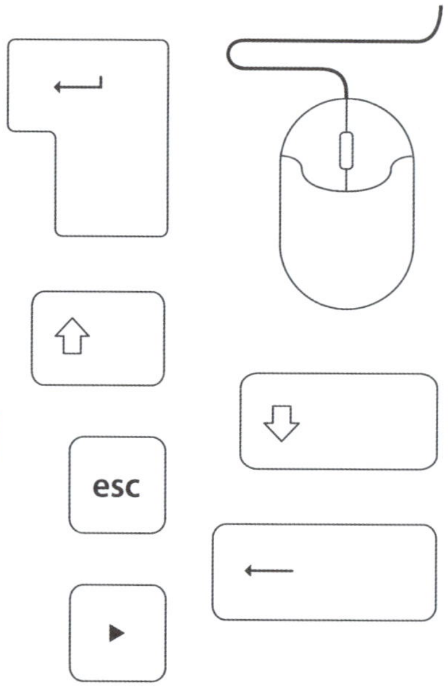

… einen Vorgang abzubrechen?

… das Kontextmenü zu öffnen?

… in einem Text eine neue Zeile zu beginnen?

… Großbuchstaben zu schreiben?

2. Mit zehn Fingern schnell tippen

Mediencode 38302-03

Öffne den Link und tippe die Buchstaben und Zeichen ab.
Schaffst du das, ohne auf die Tastatur zu schauen?
Und auch, ohne auf die Tastatur oder den Bildschirm zu schauen?

f r i p n a i u k l

Q i d) 3 „ – Ü € @

Ich habe mich mit meinem Bruder gestritten und deshalb hat er peinliche Mails von meinem Account aus verschickt – mein Passwort „Selim" war wohl zu leicht zu knacken …

Bearbeite jetzt das Online-Modul

38302-04

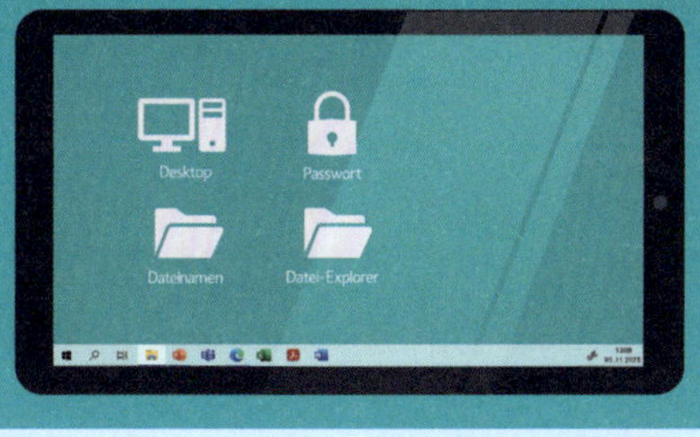

1. Wissenscheck

Robby ist da etwas durcheinandergeraten. Kannst du ihm beim Aufräumen helfen? Verbinde die Sätze mit dem passenden Thema.

Im Startmenü kannst du ein Programm auswählen oder auch den Computer herunterfahren.

Im Navigationsbereich hast du einen guten Überblick über alle Ordner.

Groß- und Kleinbuchstaben, Zahlen und Sonderzeichen sorgen für mehr Sicherheit.

Keine Sonderzeichen verwenden! Die meisten Computer können damit nicht umgehen.

Desktop

Passwort

Datei-Explorer

Dateinamen

Im Infobereich findest du zum Beispiel Datum und Uhrzeit.

Du notierst von jedem Wort nur die Anfangsbuchstaben und Zahlen als Ziffern. Satzzeichen nicht vergessen!

Unter „Ansicht" kannst du auswählen, wie die Dateien und Ordner angezeigt werden sollen.

2. Ist das sicher?

a) Hier noch einmal die häufigsten Fehler beim Erstellen von Passwörtern. Ergänze ein passendes Beispiel.

Die Zahlen oder Buchstaben liegen auf der Tastatur nebeneinander: ....

Das Passwort ist ein Name: ....

Das Passwort ist dein Lieblingsverein: ....

Das Passwort ist ein Spiel: ....

Buchstaben oder Zahlen folgen direkt aufeinander: ....

Das Passwort ist ein einfacher Satz: ....

b) Vergleiche mit den Fehlern oben und entscheide, wie sicher diese Passwörter sind.

RobbyMedien	sehr unsicher	☐	☐	☐	☐	☐	sehr sicher
R0o9b3b1y?	sehr unsicher	☐	☐	☐	☐	☐	sehr sicher
Robotersindtoll	sehr unsicher	☐	☐	☐	☐	☐	sehr sicher
231213	sehr unsicher	☐	☐	☐	☐	☐	sehr sicher
leg2KEmS.	sehr unsicher	☐	☐	☐	☐	☐	sehr sicher
SCFreiburg2023	sehr unsicher	☐	☐	☐	☐	☐	sehr sicher
Qrzo1357?	sehr unsicher	☐	☐	☐	☐	☐	sehr sicher
Selims_Mails_23	sehr unsicher	☐	☐	☐	☐	☐	sehr sicher

c) Erstelle mit dem Satz-Trick sichere Passwörter.

Satz: Ich kenne zwanzig tolle Roboterfilme. Passwort: ....

Satz: Meine Haustiere sind drei Rennmäuse! Passwort: ....

Satz: Spielen wir heute um fünf Basketball? Passwort: ....

d) Überlege dir nun einen eigenen Satz und schreibe das zugehörige Passwort auf.

Satz: ....

Passwort: ....

3. Erkunde deinen Computer

Führe die folgenden Aufgaben nacheinander aus. So lernst du deinen Computer kennen.

Öffne den Dateiexplorer.

→ Gehe in den Downloadordner und finde heraus, wann die letzte Datei heruntergeladen wurde:

....

→ Lege einen neuen Ordner an, den du mit deinem Namen benennst:

....

→ Wähle eine Datei aus dem Downloadordner und speichere sie unter neuem Namen in deinem persönlichen Ordner:

....

→ Schließe den Dateiexplorer und öffne ihn erneut. Suche mit dem Suchfenster nach deiner eben gespeicherten Datei.

→ Kopiere deine gespeicherte Datei in den Downloadordner.

→ Fast geschafft! Verkleinere nun das Fenster, das den Dateiexplorer zeigt. Schließe es anschließend.

4. Für Profis: zip-Archive

Mediencode 38302-05

a) Lass dir hier von Robby erklären, was ein zip-Archiv ist.

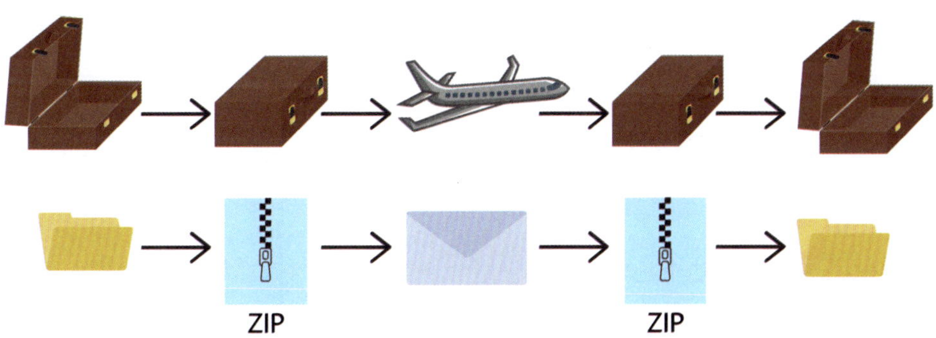

b) Fasse kurz zusammen, wozu man zip-Archive braucht.

....

....

2.2 Was kann ein Textverarbeitungsprogramm?

Ich würde so gerne am Basketballcamp teilnehmen! Aber dafür muss man einen Steckbrief schreiben – das habe ich am Computer noch nie gemacht …

Bearbeite jetzt das Online-Modul

38302-06

1. Wissenscheck

Welches Feld in der Menüleiste gehört zu dieser Funktion? Zeichne ein.

Den Text fett formatieren. ☐

Den Text rechtsbündig setzen. ☐

Die Schriftfarbe ändern. ☐

▪ Eine Aufzählung einfügen. ☐

Die Schriftgröße ändern. ☐

Die Schriftart ändern. ☐

Einen Text unterstreichen. ☐

Die Hintergrundfarbe ändern. ☐

2. Kannst du formatieren?

Mediencode 38302-07

Öffne die Datei, die im Mediencode hinterlegt ist und speichere sie auf deinem Computer ab. Sie enthält sechsmal denselben Text. Suche dir nun für jeden dieser Texte eine der Aufgaben unten aus und führe sie aus. Hake die Aufgabe anschließend im Arbeitsheft ab.

- ☐ Ändere die Schriftfarbe zu rot.
- ☐ Schreibe den Text fett.
- ☐ Beginne nach dem ersten Satz eine neue Zeile.
- ☐ Ändere die Schriftgröße auf 20.
- ☐ Ändere die Schriftart zu Times New Roman.
- ☐ Beginne jeden Satz mit einem Aufzählungszeichen.

3. Formatierungen für Profis

Tippe den folgenden Text ab und übernimm auch die Formatierungen.

Wenn du einen Text übersichtlich formatieren willst, hast du verschiedene Möglichkeiten. Du kannst zum Beispiel Teile deines Textes **fett** oder *kursiv* schreiben und sie so hervorheben. Es ist auch möglich, wichtige Sachen zu unterstreichen.

Damit dem Leser ein Satz oder ein Wort sofort auffällt, kann auch eine andere Schriftfarbe helfen. Damit solltest du aber vorsichtig sein, zu viele verschiedene Farben machen einen Text schnell unübersichtlich und lassen ihn unprofessionell wirken. Manche Farben sind außerdem kaum erkennbar.

Du kannst auch verschiedene Schriftarten nutzen. Achte aber darauf, dass sie gut lesbar sind und verwende maximal zwei verschiedene Schriftarten in deinem Dokument, sonst ist dein Text schwer lesbar. Hier sind ein paar Beispiele für verschiedene Schriftarten:

- Times New Roman
- Arial
- Comic Sans
- Bradley Hand

Überschriften kannst du etwas größer schreiben als den Rest des Textes.

Manchmal ist es sinnvoll, einen Absatz zu zentrieren

oder auch rechtsbündig zu setzen.

4. Für Schnelle: Arbeiten mit Tastenkombinationen

a) Du hast bereits gelernt, wie du Texte kopierst, ausschneidest und dann wieder einfügst: Zunächst markierst du den Textteil, der kopiert oder ausgeschnitten werden soll und klickst dann in der Menüleiste den entsprechenden Befehl an:

Ausschneiden
Kopieren

Anstatt den Befehl in der Menüleiste anzuklicken, kannst du auch eine der folgenden Tastenkombinationen nutzen:

Strg + C : kopiert markierten Text
Strg + X : schneidet markierten Text aus
Strg + V : fügt markierten Text ein

Das Plus bedeutet hier, dass du die erste Taste gedrückt hältst und gleichzeitig die zweite Taste drückst.

Mediencode 38302-08

Öffne nun das hinterlegte Textdokument und korrigiere den Text darin so, dass korrekte deutsche Sätze dabei herauskommen. Tippe dazu keinen neuen Text ein, sondern verwende nur die drei Tastenkombinationen. Wenn also z.B. an einer Stelle das Wort „und" fehlt, kopiere es an einer anderen Stelle des Textes und füge es anschließend ein.

b) Öffne das Dokument aus a) erneut und versuche, die Aufgabe ohne Maus zu lösen.

Mit den folgenden Tastenkombinationen kannst du Text markieren, ohne die Maus zu benutzen:

- Cursor bewegen: ▶ ▼ ▲ ◀
- Text markieren: ⇧ + ▶ ▼ ▲ ◀

c) Es gibt noch viele weitere Tastenkombinationen. Recherchiere dazu im Internet und notiere die Tastenkombinationen, die dir helfen könnten.

Tastenkombination:	Funktion:

2.3 Wie gestalte ich meinen Text?

Bearbeite jetzt das Online-Modul

38302-09

1. Wissenscheck

Richtig oder falsch? Kreuze an. Die Buchstaben in den Kästchen ergeben von oben nach unten gelesen ein Lösungswort.

	richtig	falsch
1. Es ist egal, welche Farbe die Überschrift hat.	R	S
2. Die persönlichen Angaben sollten einheitlich formatiert sein.	T	O
3. Unterschiedliche Schriftarten sind kein Problem.	B	E
4. Es sollte nichts fett geschrieben werden.	B	C
5. Zur Formatierung kann die Tabstopptaste verwendet werden.	K	Y
6. Für die Überschrift kannst du eine andere, gut lesbare Schriftart wählen.	B	S
7. Die Hobbies kannst du gut in einer Tabelle darstellen.	R	W
8. Die oberste Tabellenzeile sollte nicht farbig sein.	E	I
9. Das Foto kann unscharf sein, das fällt nicht auf.	L	E
10. Das Foto wird am besten oben rechts eingefügt.	F	T

Lösungswort: ....

2. Selims Steckbrief

Auch Selim hat einen Steckbrief erstellt:

Mein Steckbrief

Persönliche Angaben

Name: Selim

Alter: 11 Jahre

Adresse: Am Sportplatz 3, Mediatown

Hobbys:	Lieblingsessen:	Vorbilder:
Fußball	Eis	Christiano Ronaldo
Freunde	Pizza	Lionell Messi
Mein Hund	Nudeln	Manuel Neuer

Notiere in Stichwörtern, was Selim gut gelungen ist und was er noch verbessern kann.

Überschrift	Das ist gut gelungen: ....
	Das kann noch verbessert werden: ....
Persönliche Angaben	Das ist gut gelungen: ....
	Das kann noch verbessert werden: ....
Hobbys	Das ist gut gelungen: ....
	Das kann noch verbessert werden: ....
Bild	Das ist gut gelungen: ....
	Das kann noch verbessert werden: ....

3. Der beste Steckbrief

Mediencode 38302-10

a) Lade Selims Steckbrief herunter und speichere ihn ab. Setze dann deine Tipps aus Aufgabe 2 um und verbessere den Steckbrief. Wenn du nicht mehr sicher bist, wie du die Änderungen umsetzen kannst, schaue dir das Online-Modul noch einmal an.

b) Sieh dir nun deinen eigenen Steckbrief noch einmal an und beurteile ihn anhand der Tabelle. Verbessere dann auch deinen Steckbrief.

Überschrift	Das ist gut gelungen: …………
	Das kann noch verbessert werden: …………
Persönliche Angaben	Das ist gut gelungen: …………
	Das kann noch verbessert werden: …………
Hobbys	Das ist gut gelungen: …………
	Das kann noch verbessert werden: …………
Bild	Das ist gut gelungen: …………
	Das kann noch verbessert werden: …………

4. Für Profis: Seitenfarbe und Rahmen

Wenn du den Reiter „Entwurf" anklickst, kannst du ganz rechts die Seitenfarbe ändern oder einen Rahmen hinzufügen:

Probiere es mal aus!

2.4 Wie erstelle ich eine gute Präsentation?

Bearbeite jetzt das Online-Modul

38302-11

1. Wissenscheck

Trage bzw. zeichne ein, was du nacheinander anklickst, um die Aktionen auszuführen.

	Reiter	Button
Design auswählen		
Texte fett formatieren		
Textfarbe ändern		
Bilder einfügen		
Textfelder einfügen		
Stichpunkte nacheinander erscheinen lassen		
Bildschirm-präsentation von Beginn an starten		
Schriftgröße ändern		
Tabelle einfügen		

2. Tipps für deine Präsentation

Leider sind die Tipps etwas durcheinandergeraten. Verbinde die Satzteile passend miteinander.

Der Folienhintergrund	… sollten groß und gut lesbar sein.
Bilder …	… sollten sparsam eingesetzt werden. Wähle maximal drei unterschiedliche Farben für deine Präsentation aus, um keine zu große Unruhe zu schaffen.
Überschriften …	… sollte gut lesbar sein. Schreibschrift sieht zwar schön aus, ist aber oft schwerer lesbar. Schriften wie Arial und Calibri eignen sich für Präsentationen sehr gut.
Farben …	… sollte möglichst keine Muster haben und nicht zu grell sein. Es eignen sich vor allem dezente, ruhige Farben.
Die Schriftart …	… können den Text gut verdeutlichen und bleiben oft im Gedächtnis.

3. Vervollständige deine Präsentation

Bei dieser Aufgabe erstellst du in jeder Teilaufgabe eine weitere Folie für deine Präsentation.

a) Füge deiner Präsentation aus dem Online-Modul eine weitere Folie hinzu. Darauf sollst du einen kurzen Steckbrief über dein Lieblingstier erstellen. Falls dein Lieblingstier der Hund ist, suche dir ein anderes Tier aus.

1. Fülle dazu zunächst den folgenden Steckbrief aus. Recherchiere dafür im Internet.

Dieses Tier stelle ich vor: ……………………………………

- [ ] Es ist ein Säugetier.
- [ ] Es kann schwimmen.
- [ ] Es lebt im Wasser.
- [ ] Es legt Eier.
- [ ] Es kann fliegen.
- [ ] Es lebt an Land.

Größe: ……………………………………

Gewicht: ……………………………………

Ungefähre Anzahl an Nachkommen: : ……………………………………

- [ ] Es ist ein Haustier.
- [ ] Es ist ein Wildtier.

Hier lebt mein Tier: ……………………………………

2. Füge nun deiner Präsentation eine weitere Folie mit den Informationen aus dem Steckbrief hinzu. Wähle eine passende Überschrift.
3. Verwende Animationen, um die Folie lebendiger zu machen.
4. Vervollständige die Folie mit einem passenden Bild.

b) Man kann viele Tiere den Kategorien Säugetiere, Vögel, Amphibien, Reptilien und Fische zuordnen.

1. Füge deiner Präsentation eine weitere Folie hinzu. Darauf soll eine passende Überschrift und eine Tabelle zu sehen sein. Wie man Tabellen einfügt, hast du bereits beim Textverarbeitungsprogramm kennengelernt. Im Präsentationsprogramm funktioniert es genauso.

Säugetiere	**Vögel**	**...**	**...**	**...**
Affe	Spatz	...	...	...
Blauwal	...	...	...	...
...	...	...	...	...

2. Gib in der Tabelle in jeder Kategorie drei Beispieltiere an.
3. Gestalte deine Tabelle farblich ansprechend. Formatiere dein Lieblingstier darin so, dass man es auf den ersten Blick sieht.

c) Zum Abschluss deiner Präsentation erstellst du eine Collage mit Bildern von deinem Lieblingstier.

1. Suche im Internet nach fünf passenden Bildern und speichere sie auf deinem Computer ab. *Lasse die Seiten, auf denen du die Bilder gefunden hast geöffnet.*
2. Füge deiner Präsentation eine weitere Folie mit geeigneter Überschrift hinzu. Erstelle darauf eine Collage wie im Beispiel. Nutze auch Animationen.

3. Wenn du anderen Personen deine Präsentation zeigen willst, solltest du immer angeben, wo du die Bilder gefunden hast. Das nennt man Quellenangabe:

https://www.link-zu-einer-seite.de/Bild1 (Stand: 11.07.2022)

Link zum gezeigten Bild — Datum, an dem das Bild zuletzt aufgerufen wurde

4. Füge deiner Präsentation eine letzte Folie (Überschrift: Bildquellen) hinzu. Mache dort die Quellenangabe für die fünf Bilder, die du noch im Webbrowser geöffnet hast.

4. Für Profis: Kannst du Hanna mit ihrer Präsentation helfen?

Hanna soll in der Schule ein Referat über Wölfe halten und hat dazu eine Präsentation erstellt. Sie hat aber Schwierigkeiten mit der Gestaltung.

Mediencode 38302-12

a) Speichere die hinterlegte Präsentation auf deinem Computer und öffne sie.

b) Formatiere die Präsentation so, dass sie gut aussieht. Berücksichtige dabei die Tipps von Aufgabe 2. Ändere nichts am Text.

c) Gib Hanna stichpunktartig Tipps, was sie das nächste Mal besser machen kann.

3.1 Wie finde ich im Internet die richtigen Infos?

Wir sollten etwas über den Autor unserer Deutschlektüre herausfinden und ich habe einfach mal im Internet gesucht und den ersten Treffer gelesen. Am nächsten Tag hat sich herausgestellt, dass einiges falsch war – voll peinlich!

Bearbeite jetzt das Online-Modul

38302-13

1. Wissenscheck

Ergänze den Lückentext.

Suchmaschinen durchsuchen ständig große Teile des ………………………………. Wichtige ………………………………. und Wörter der durchsuchten Webseiten speichern sie in einem ………………………………., dem sogenannten Index. Wenn du einen Suchbegriff in die ………………………………. eingibst, durchsucht sie nur dieses Verzeichnis nach dem Wort. Deshalb hast du in Sekundenschnelle ein Ergebnis. Algorithmen entscheiden, welche ………………………………. ganz oben angezeigt werden. Algorithmen sind Vorgehensweisen, die nach bestimmten Regeln die ………………………………. der Ergebnisse bestimmen. Eine dieser Regeln kann zum Beispiel sein, wie häufig die Seite ………………………………. wurde. Die Suchmaschine versucht immer, dir die besten ………………………………. anzuzeigen. Ganz genau weiß eine ………………………………. aber nicht, was du suchst. Deshalb sind nicht immer die ersten Treffer die passendsten.

Verzeichnis | Suchmaschine | Reihenfolge | angeklickt | Ergebnisse | Informationen | Internets | Webseiten | Suchmaschine

2. Stimmt diese Behauptung?

a) Wähle zwei der folgenden Behauptungen aus und kreuze sie an.

- Faultiere müssen nur einmal im Monat aufs Klo. ☐
- Die Fußballerin des Jahres 2020 heißt Gunilla Harter. ☐
- Die Strahlung eines Handys ist stark genug, um ein Ei zu kochen. ☐
- Manuel Neuer hat schon einmal bei Borussia Dortmund gespielt. ☐
- Wenn man über 18 Jahre alt ist muss man für die Nutzung von YouTube 5 Euro im Monat zahlen. ☐
- Marokko gehört zu Europa. ☐
- Wenn ein Baum eine Verletzung hat, dann blutet er auch. Das nennt man Harz. ☐
- Eulen können ihren Kopf um 360 Grad drehen. ☐
- „Hallo" heißt auf Spanisch „hossa". ☐
- Pommes Frites wurden in Österreich erfunden. ☐
- Deutschland hat 14 Bundesländer. ☐
- Der erste Hund im Weltall hieß Lulu. ☐

b) Überlege dir für jede der ausgewählten Behauptungen geeignete Suchbegriffe und trage sie in die Felder unter c) ein.

Mediencode 38302-14

c) Unter dem Mediencode findest du Links zu verschiedenen Suchmaschinen. Überprüfe die ausgewählten Behauptungen mit einer davon und trage deine Ergebnisse unten ein.

Behauptung: ....

....

Geeignete Suchbegriffe: ....

....

Die Behauptung ist

☐ wahr ☐ falsch; richtig ist:

....

Behauptung: ....

....

Geeignete Suchbegriffe: ....

....

Die Behauptung ist

☐ wahr ☐ falsch; richtig ist:

....

3. Welche Suchmaschine ist die richtige für mich?

Überprüfe die drei ausgewählten Behauptungen aus Aufgabe 2 nun jeweils mit einer Kinder- und einer Erwachsenensuchmaschine. Benutze insgesamt alle Suchmaschinen, die du unter dem Mediencode aus Aufgabe 2 findest. Fülle dann die Tabelle aus.

Kriterium	Suchmaschine
Hier gefällt mir der Aufbau der Seite am besten.	
Hier habe ich mich in der Suchmaschine am besten zurechtgefunden.	
Hier habe ich die meisten nützlichen Informationen gefunden.	
Hier gab es keine Werbung.	
Hier habe ich die Texte leicht verstehen können.	
Hier hatte ich die besten Suchergebnisse.	
Hier habe ich meine Antworten am schnellsten gefunden.	
Sonstiges:	
Mein persönlicher Testsieger:	
Begründung:	

4. Bilder und Videos suchen

Mit manchen Suchmaschinen kannst du auch gezielt nach Bildern oder Videos zu deinen Suchbegriffen suchen. Dazu gibst du zunächst den Suchbegriff in das Suchfeld ein. Auf der Ergebnisseite wählst du dann unter dem Suchfeld den Reiter „Bilder" oder „Videos":

Suche Bilder und Videos zum Thema „Faultier".

Wann ist eine Internetseite glaubwürdig?

Eigentlich wollte ich nur einen aufblasbaren Pool für meine Geburtstagsfeier gewinnen – leider habe ich mit dem Gewinnspiel ein ziemlich teures Abo abgeschlossen. Das gab richtig viel Ärger … Mit Robbys Webchecker wäre mir das bestimmt nicht passiert!

Bearbeite jetzt das Online-Modul

38302-15

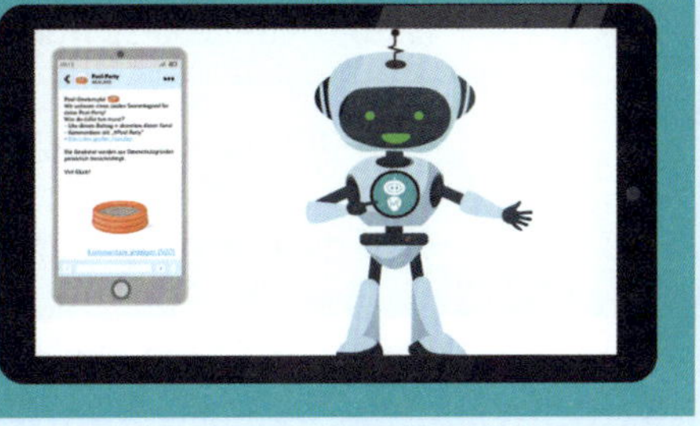

1. Wissenscheck

Hanna, Selim und Eva unterhalten sich über die Vertrauenswürdigkeit von Websites. Sind ihre Aussagen richtig?

Positive Kommentare sind ein guter Anhaltspunkt. Wenn viele Leute die Website loben, muss sie ja vertrauenswürdig sein.

Richtig ☐ Falsch ☐

Werbung macht eine Website auf jeden Fall unglaubwürdig.

Richtig ☐ Falsch ☐

Je mehr Fragen aus Robbys Webchecker ich mit Ja beantworten kann, desto mehr kann ich der Website vertrauen.

Richtig ☐ Falsch ☐

2. Wende Robbys Webchecker an

Mediencode 38302-16

Prüfe mithilfe der Checkliste, ob diese Websites vertrauenswürdig sind.

a)

	wahr	falsch
Ist die Seite übersichtlich gestaltet?	☐	☐
Ist Werbung auf der Seite gekennzeichnet?	☐	☐
Sind die Autorinnen und Autoren der Texte genannt?	☐	☐
Sind Quellenangaben zu den Medien auf der Seite vorhanden?	☐	☐
Gibt es eine Kommentarfunktion auf der Seite? Sind die Kommentare glaubwürdig?	☐	☐
Sind die Inhalte der Seite aktuell?	☐	☐
Gibt es ein Impressum und ist das Impressum glaubwürdig?	☐	☐

Glaubwürdigkeit der Seite: |——|——|——|——|——|

nicht vertrauenswürdig … voll vertrauenswürdig

b)

	wahr	falsch
Ist die Seite übersichtlich gestaltet?	☐	☐
Ist Werbung auf der Seite gekennzeichnet?	☐	☐
Sind die Autorinnen und Autoren der Texte genannt?	☐	☐
Sind Quellenangaben zu den Medien auf der Seite vorhanden?	☐	☐
Gibt es eine Kommentarfunktion auf der Seite? Sind die Kommentare glaubwürdig?	☐	☐
Sind die Inhalte der Seite aktuell?	☐	☐
Gibt es ein Impressum und ist das Impressum glaubwürdig?	☐	☐

Glaubwürdigkeit der Seite: |—|—|—|—|—|

nicht vertrauenswürdig — voll vertrauenswürdig

Mediencode 38302-17

3. Was wollen diese Websites erreichen?

Websites haben unterschiedliche Ziele. Wenn du herausfinden willst, ob du einer Website vertrauen kannst, solltest du dieses Ziel kennen.

Welches Ziel haben diese Websites? Kreuze an. Es können mehrere Antworten richtig sein.

	Informieren	etwas verkaufen	Meinung beeinflussen	Unterhalten
1	☐	☐	☐	☐
2	☐	☐	☐	☐
3	☐	☐	☐	☐
4	☐	☐	☐	☐

4. Website-Bewertung für Profis

Bist du fit in der Bewertung von Websites? Entscheide welche Ziele die Websites haben und ob sie vertrauenswürdig sind. Begründe deine Meinung anhand von Robbys Webchecker.

Webseite 1

Mediencode 38302-18

Vertrauenswürdigkeit

sehr stark ☐ ☐ ☐ ☐ ☐ gar nicht

Begründung: ....

....

....

Absicht der Webseite:

- ☐ informieren
- ☐ etwas verkaufen
- ☐ Meinung beeinflussen
- ☐ unterhalten

Webseite 2

Mediencode 38302-19

Vertrauenswürdigkeit

sehr stark ☐ ☐ ☐ ☐ ☐ gar nicht

Begründung: ....

....

....

Absicht der Webseite:

- ☐ informieren
- ☐ etwas verkaufen
- ☐ Meinung beeinflussen
- ☐ unterhalten

Webseite 3

Mediencode 38302-20

Vertrauenswürdigkeit

sehr stark ☐ ☐ ☐ ☐ ☐ gar nicht

Begründung: ....

....

....

Absicht der Webseite:

- ☐ informieren
- ☐ etwas verkaufen
- ☐ Meinung beeinflussen
- ☐ unterhalten

Webseite 4

Mediencode 38302-21

Vertrauenswürdigkeit

sehr stark ☐ ☐ ☐ ☐ ☐ gar nicht

Begründung: ....

....

....

Absicht der Webseite:

- ☐ informieren
- ☐ etwas verkaufen
- ☐ Meinung beeinflussen
- ☐ unterhalten

3.3 Welche Bilder darf ich posten?

Meine Schwester hat ein Foto aus dem Internet auf Instagram gepostet. Dann kam der Brief einer Anwältin: sie soll 750 Euro zahlen, weil sie das „Urheberrecht“ nicht beachtet hat …
Was ist das eigentlich?

Bearbeite jetzt das Online-Modul

38302-22

1. Wissenscheck

Urheber, Werk, Urheberrecht – was gehört wohin? Ordne zu.

Urheber	Urheberrecht	Werk
▪	§ Jede Urheber:in darf über die Verwendung ihres Werkes selbst bestimmen, z. B. wo es veröffentlicht wird oder ob es verändert werden darf.	▪ ....
▪		▪ ....
▪		▪ ....
▪		▪ ....
▪		▪ ....
▪		▪ ....
▪		▪ ....

Foto | Zeichner | Handyfoto | Text

Deutschaufsatz | Video | Zeichnung | Komponist

Eva | Hobbyfilmer | Musikstück

Schriftsteller | Fotograf | Künstler

2. Richtig oder falsch?

a) Welche Aussagen zum Urheberrecht sind richtig? Kreuze an.

	richtig	falsch
1. Wenn du ein Foto selbst gemacht hast, darfst du entscheiden, was damit passiert.	☐	☐
2. Du darfst nur Fotos teilen, die du selbst gemacht hast.	☐	☐
3. Auf deiner Geburtstagsparty, die du bei dir zuhause mit ein paar Freunden feierst, darfst du Musik aus dem Internet abspielen.	☐	☐
4. Lizenzfreie Bilder darfst du zu einer Collage zusammenstellen und sie veröffentlichen.	☐	☐
5. Für dein Referat darfst du beliebige Fotos und Texte aus dem Internet verwenden. Du musst allerdings den Link und das Datum angeben.	☐	☐
6. Videos, die du im Internet findest, darfst du beliebig verändern: du darfst sie schneiden oder neue Szenen einfügen.	☐	☐
7. Bei der Aufführung eurer Schultheatergruppe dürft ihr Musik von Youtube verwenden.	☐	☐
8. Deiner Familie darfst du lustige Videos aus dem Internet zeigen.	☐	☐

b) Fasse die wichtigsten Regeln zum Urheberrecht zusammen. Ergänze dazu die Sätze.

Bevor du ein Bild veröffentlichst ....

....

Wenn du ein Bild bearbeiten willst ....

....

Lizenzfreie Bilder und Videos ....

....

Für Referate in der Schule ....

....

Du musst aber ....

....

Wenn du dir nicht sicher bist, ob ein Bild lizenzfrei ist oder nicht ....

....

3. Wie finde ich lizenzfreie Bilder?

Mediencode
38302-23

a) Suche auf verschiedenen Plattformen für lizenzfreie Bilder nach Bäumen.
Im Mediencode sind dafür Links zu einigen Webseiten hinterlegt.

b) Wähle drei verschiedene Baumarten.

Baumart 1: ....

Baumart 2: ....

Baumart 3: ....

c) Speichere zu jeder Baumart mindestens drei Bilder ab. Lege sie in geeigneten Ordnern ab und wähle passende Namen für die Bilddateien.

4. Und deine Werke?

a) Welche der folgenden Inhalte hast du schon einmal selbst erstellt?

☐ Videos ☐ Texte ☐ eigene Lieder ☐ Zeichnungen/ gemalte Bilder

☐ Fotos ☐ Sonstiges: ....

b) Würdest du deine Werke freigeben (jeder darf sie bearbeiten und veröffentlichen) oder nicht? Begründe deine Entscheidung.

....

....

....

....

....

Brauchen wir Regeln für den Klassenchat?

Zwei Mitglieder meiner Leichtathletikgruppe streiten sich schon den ganzen Tag im Gruppenchat. Das nervt total!

Bearbeite jetzt das Online-Modul

38302-24

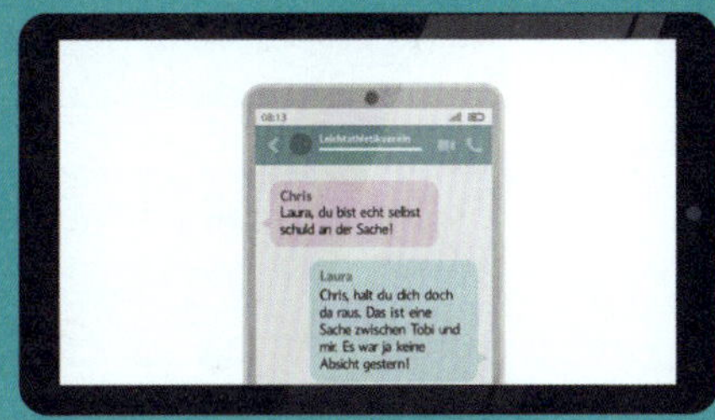

1. Wissenscheck

Nenne drei Dinge, die im Gruppenchat zu Problemen führen können. Der Chatverlauf hilft dir dabei.

Gruppenname: Die schlauen Füchse – Klasse 5a

Torben:
Hey Leute, hab grad was echt Cooles geschickt bekommen…
„Sende mir das 24. Bild 📷 aus deiner galerie … aber nicht schummeln!!! Schicke dann diese Nachricht an 8 Leute. sei gespannt, welche Fotos du bekommst 😂😂😂😂😂"

Torben:
Das war übrigens mein Foto 😂❤️

Selina:
😂😂😂😂😂 Chris, der Poser 🙂🙂🙂

Tim:
😂 Chris, das Tier 🙂

Gruppenname: Die schlauen Füchse – Klasse 5a

Chris:
Danke auch Torben 😠

Tim:
Super Idee. Hab die Nachricht gleich in meine anderen Gruppen gestellt. Freu mich auf weitere peinliche Fotos 🙂

Selim:
Hey Leute, sorry, dass ich mich jetzt mal einmischen muss. Das mit dem Kettenbrief hat in unserem Klassenchat nix verloren.

Torben:
Selim, du wieder. Du Spielverderber. Ist doch witzig!!!

Selim:
Du hättest Chris wenigstens mal fragen können, bevor du das Foto von ihm hier postest. Und jetzt wird die Gruppe mit euren ganzen Fotos vollgespamt. Nicht lustig!!!

- ....
- ....
- ....

3.4 Brauchen wir Regeln für den Klassenchat?

2. Ein ganz normaler Chatverlauf?

Gruppenname: Dreamteam Basketball

Laura:
Das Spiel! Schick deinen Lieblingssmilie zurück!

Emil:

Carlo:

Leo:
Basketballtraining fällt heute aus. Herr Thomas ist krank.

Ina:

Frida:

…

Gruppenname: Dreamteam Basketball

Leo:
Boah Laura, was für ein nerviges Spiel. Ich war nur eine Stunde nicht am Handy und hatte hier 25 Nachrichten voll mit Smilies. Geht's noch!!!!

Laura:
Ach komm schon, alle finden es super.

Emil:
Mann Leo, du bist immer nur am meckern. Dann geh doch raus aus der Gruppe. Hier will dich eh niemand drin haben.

Frida:
Emil, lass doch mal Leo in Ruhe.

Laura:
Leo macht immer nur Stress.

Carlo:
Was war denn mit dem Basketball-Training? Finde die Nachricht nicht mehr.

a) Was ist passiert? Beschreibe.

....

....

....

b) Wer hat sich aus deiner Sicht richtig verhalten und wer nicht? Kreuze an, wer sich richtig verhalten hat.

☐ Laura ☐ Emil ☐ Carlo ☐ Leo ☐ Ina ☐ Frida

c) Begründe deine Entscheidungen aus Teilaufgabe b). Was haben die Personen richtig oder falsch gemacht?

Laura: ....

Emil: ....

Carlo: ....

Leo: ....

Ina: ....

Frida: ....

3. Regeln für den Klassenchat?

Überlegt euch Regeln, die im Klassenchat gelten sollten, damit alle sich wohlfühlen.

a) Schreibe zunächst die Regeln auf, die du wichtig findest. Die Stichwörter auf den Kärtchen können dir dabei helfen.

Kettenbriefe

Nachrichten, die nicht alle betreffen

Fotos

Quatschvideos

b) Diskutiert dann in der Klasse, welche Regeln gelten sollen und schreibt sie auf ein Plakat. Legt auch fest, wer an die Regeln erinnert, wenn sie nicht eingehalten werden.

4. Für Profis: Darfst du diese Bilder in den Gruppenchat stellen?

Eva war für ein Wochenende in Berlin und hat viele Fotos gemacht. Kreuze an, welches der Bilder sie in einen Gruppenchat stellen darf, ohne die abgebildeten Personen um Erlaubnis zu fragen.

a)

b)

c)

d)

3.5 Was verrät mein Profil über mich?

Ich habe ein Foto von unseren Vorbereitungen für Hannas Überraschungsparty gepostet – irgendwie haben das meine Follower als Einladung verstanden und kamen dann alle zur Party …

Bearbeite jetzt das Online-Modul

38302-25

1. Wissenscheck

Streiche die Informationen durch, die du auf deinem Social-Media-Profil besser nicht angibst. Die Buchstaben der übrigen Informationen ergeben ein Lösungswort.

- Q – Foto, auf dem du eindeutig zu erkennen bist
- B – Nachname
- W – Schule
- F – Hobbys
- U – Geburtsdatum
- P – Foto, auf dem du als Schatten zu erkennen bist
- L – Mailadresse, die deinen Namen nicht enthält
- R – Fotos deines Haustiers
- S – Adresse
- B – Schulzeugnis
- O – Nickname
- I – Landschaftsfotos
- Y – Telefonnummer

Lösungswort: ....

2. Erkennst du mich?

Mediencode 38302-26

a) Fülle das im Mediencode hinterlegte Profil wahrheitsgemäß aus und gib es deiner Lehrkraft.

b) Per Zufallsprinzip bekommst du nun von deiner Lehrkraft ein Profil einer Mitschülerin oder eines Mitschülers. Lies es dir durch und versuche zu erraten, zu wem das Profil gehört. Tauscht die Profile anschließend weiter aus und versucht, die richtige Person zu erraten.

c) Kreuze an, welche Angaben dir geholfen haben, die richtige Person zu finden.

- ☐ Junge/ Mädchen
- ☐ Alter
- ☐ Haarfarbe
- ☐ Augenfarbe
- ☐ Größe
- ☐ Wohnort
- ☐ Geschwister
- ☐ Hobbys
- ☐ Lieblingstier
- ☐ Lieblingsfach
- ☐ Lieblingsmusik

3. Wie kann mein Profil aussehen?

Fülle nun das Profil noch einmal aus, allerdings nur mit den Informationen, die andere wissen sollen.

Name

Geschlecht	
Alter	
Haarfarbe	
Augenfarbe	
Körpergröße	
Wohnort	
Name der Geschwister	
Hobbys	
Lieblingstier	
Lieblingsfach (Schule)	
Lieblingsmusik	

4. Echte Freundschaft oder eher nicht?

In sozialen Netzwerken werden Online-Bekanntschaften oft auch „Freunde" genannt. Gib deine Einschätzung ab, für wie echt du die Freundschaft jeweils hältst. Die Checkliste kann dir dabei helfen.

Hanna hat im Sommerurlaub vor zwei Jahren Paul kennengelernt. Seitdem schreiben sich die beiden regelmäßig auf Social Media und erzählen sich jedes Detail aus ihrem Leben. Ein persönliches Treffen gab es seit dem Urlaub aber nicht mehr.

Checkliste:

- ☐ persönlich getroffen
- ☐ enger Kontakt
- ☐ sehen sich regelmäßig
- ☐ gleiche Interessen
- ☐ Hanna weiß viel über die Person

Freundschaft echt? sehr ☐ ☐ ☐ ☐ ☐ wenig

Maya ist bereits seit einiger Zeit eine von Hannas Followerinnen. Außerdem reagiert Maya regelmäßig auf Hannas Beiträge und stellt Hanna persönliche Fragen. Hanna beantwortet die Fragen ihrer Fans gerne, wodurch die beiden im regelmäßigen Austausch stehen.

Checkliste:

- ☐ persönlich getroffen
- ☐ enger Kontakt
- ☐ sehen sich regelmäßig
- ☐ gleiche Interessen
- ☐ Hanna weiß viel über die Person

Freundschaft echt? sehr ☐ ☐ ☐ ☐ ☐ wenig

Gustav ist genau wie Hanna angehender Influencer. Obwohl die beiden sich noch nie persönlich getroffen haben, tauschen sie sich regelmäßig über ihre Arbeit in den sozialen Netzwerken aus.

Checkliste:

- ☐ persönlich getroffen
- ☐ enger Kontakt
- ☐ sehen sich regelmäßig
- ☐ gleiche Interessen
- ☐ Hanna weiß viel über die Person

Freundschaft echt? sehr ☐ ☐ ☐ ☐ ☐ wenig

Sophie ist Hannas beste Freundin. Die beiden sehen sich nicht nur jeden Tag in der Schule, sondern schreiben auch nach der Schule die ganze Zeit über den Chat in den sozialen Netzwerken.

Checkliste:

- ☐ persönlich getroffen
- ☐ enger Kontakt
- ☐ sehen sich regelmäßig
- ☐ gleiche Interessen
- ☐ Hanna weiß viel über die Person

Freundschaft echt? sehr ☐ ☐ ☐ ☐ ☐ wenig

Wie arbeiten Influencerinnen und Influencer?

Ich würde so gerne mal auf einem Foto aussehen wie Lally Vee …
Warum klappt das nicht?

Bearbeite jetzt das Online-Modul

38302-27

1. Wissenscheck

Wie entsteht ein Foto, das Lally Vee postet? Bringe die einzelnen Schritte in die richtige Reihenfolge.

☐ Lally Vee wählt ein passendes Outfit.

☐ Bildbearbeitung: Die Fotografin ändert die Farbe des Rockes.

☐ Lally Vees Haare werden gestylt.

☐ Ein Make-Up-Artist kümmert sich um Lally Vees Make up.

☐ Bildbearbeitung: Die Fotografin bearbeitet den Hintergrund des Bildes.

☐ Die Fotografin wählt einen passenden Ort aus und setzt Lally Vee in Szene.

☐ Bildbearbeitung: Die Fotografin zeichnet Lally Vees Haut weich und korrigiert ihre Frisur.

2. Warum sieht Evas Foto nicht aus wie das von Lally Vee?

Erkläre Eva, weshalb das Foto, das Hanna von ihr gemacht hat, nicht aussehen kann wie das von Lally Vee. Der Ablauf aus Aufgabe 1 hilft dir dabei.

3. Deine Erfahrungen mit bearbeiteten Bildern

a) Kreuze an, ob du die folgenden Dinge schon einmal gesehen oder gemacht hast.

	ja	nein	weiß nicht
Ein bearbeitetes Bild gesehen	☐	☐	☐
Selbst ein Bild bearbeitet	☐	☐	☐
Für ein Foto wie Influencerinnen oder Influencer posiert	☐	☐	☐
Versucht ein Foto mehrmals zu machen, um darauf besser auszusehen	☐	☐	☐
Etwas auf einem Foto nachträglich entfernt (z. B. Fleck auf T-Shirt oder Pickel)	☐	☐	☐
Gewünscht, du könntest ein Foto von dir schöner bearbeiten	☐	☐	☐

b) In Norwegen muss man seit Sommer 2022 kennzeichnen, ob ein Bild oder Video vor der Veröffentlichung bearbeitet wurde. Hast du eine Idee, warum das so ist?

4. Traum oder Albtraum?

Was würdest du den Personen raten? Gib ihnen Tipps.

a) *Ich lade gerne Fotos von mir in sozialen Medien hoch und freue mich immer über die Likes von meinen Freunden. Für mein letztes Foto habe ich nur wenige Likes bekommen. Das hat mich echt traurig gemacht …“*

b) *Wenn ich sehe, was für coole Klamotten meine Vorbilder im Fernsehen und in den sozialen Medien immer anhaben, bin ich manchmal richtig neidisch. Dann wünsche ich mir, dass ich auch mal so ein Leben haben kann…*

c) *Ich möchte unbedingt Influencerin werden. Gut aussehen, tolle Fotos und Videos posten und viele Follower haben – das stelle ich mir sehr entspannt vor. Und Geld kann man dabei auch noch verdienen.*

d) *Bevor ich ein Foto poste, überarbeite ich es immer mit meinen Apps. Das geht ganz schnell und ich sehe toll aus. So bleibe ich beliebt und habe viele Freunde. Wenn ein Foto trotzdem mal nicht so gut ankommt, lösche ich es schnell wieder.*